JN410392

만인시인선 · 37

니르바나 카페

김현옥 시집

니르바나 카페

만인사

자 서

한 잔의 위로도 되지 못하는 나를
흔쾌히 쭈욱 들이켜주는
시여, 너를 사랑한다.
한 잔의 쓰디 쓴 적막일지라도
한 잔의 음악처럼 달게 마셔주는
너는 가슴의 연금술사
늙은 쓸쓸함까지도 네 가슴에 닿으면
별들의 악보 속에서 높은 음자리표로 그려지는
시여, 너를 사랑한다.

너로 인해 나의 삶은
사랑으로 한 발 내디뎠나니
시여!

차 례

차 례

차 례

차 례

저 봄꽃들처럼

다 열어젖힌 저 봄꽃들처럼
우리가 만날 때는 저 봄꽃들처럼
미친 듯 달려가 껴안는 저 입맞춤
찰나의 달콤한 봄꿈이었다 해도
우리가 다시 만날 때는 저 봄꽃들처럼

오랜 기다림, 짧은 만남
만남도 이별도 통째로여서
순간이 영원인 저 봄꽃들처럼

삶을 남김없이 다 피워내고
지상의 소풍에서 집으로 돌아갈 땐
아무런 미련도 없는 저 봄꽃들처럼

마음의 길

한동안 마음 내지 않았더니
마음의 길에 잡초 우거졌네
그 잡초 헤치고 마음 닦는 일도
마음 내켜야 하는 일
마음 내키지 않아 마음 내버려뒀더니
산책 다니던 길마저 잡초에 가려졌네

(때론, 마음 내다 다친 상처 다 나을 때까지
마음은 달팽이집으로 들어가버리네)

머무는 바 없이 마음을 내어
마음의 훤한 길 쫙쫙 뚫어 놓으면
가고 싶은 곳 어디든 가서
들꽃처럼 고요하고 따스한 미소 피워 올릴 터

(마음이 마음 놓고 산책갈 수 있는 길
내 삶에 몇 개나 닦아 놓았나)

기어이 어느 날엔

공중에 걸려 있는 마음 한 잎
어느 날은 까르르 돋아나는 새털구름이었다가
어느 날은 천진하게 까딱대는 까치 꽁지였다가
어느 날은 햇빛과 손뼉 치는 미루나무 잎사귀였다가
어느 날은 적막한 거미집이었다가
어느 날은 멍청하고 지루한 에드벌룬이었다가
어느 날은 가지에 딱 걸린 호랑나비연이었다가
어느 날은 사방팔방 펄럭이는 깃발이었다가
어느 날은 어느 날은 여린 빗방울이었다가
어느 날은 어느 날은 미친 바람이었다가
마침내 어느 날은 먼지 속의 우주

또 어느 날은 거짓말처럼 그저 마음 한 잎,
기어이 어느 날엔 공중분해되고 말

어떤 시인

밖은 허무의 지뢰밭
기다림도 그리움도 문을 닫고
마음은 낡은 신발을 벗고
천천히 생각의 러닝머신 위로 올라선다
발은 제자리걸음을 시작하고 천천히
마음의 안 쪽으로 난 길 찾아 떠난다
아프리카의 대평원 혹은 태평양 바닷속
지중해의 하늘 혹은 사하라사막
어디든 막막하지만 고요한 아름다움이 빛나는
쓸쓸한 평화가 가부좌 튼
이방의 길들을 지나
고요의 실루엣이 詩로 인화되는
침묵의 동굴로 성배기사처럼 간다

밖의 풍경들은 그냥 넘겨 버리고 싶은 잡지 속의 광고, 혹은 기억의 갈피에 끼워지지도 않을 사소한 에피소드일 뿐, 파열의 기미가 없는 안녕함의 얼굴들에게 예의적인 목례로 지나쳐 가며 일상의 사막을 건너가는 일 따위, 간단하다! 터벅터벅, 꾸역꾸역,이면 끝난다 그 때부터 시인의 조각은 시작된다 고요히 잘라낸다 일그러진 풍경 드러누워 눈 감아버린 불구의 마음 따위, 미망을 포식한 마음의 군살 죄다 빼버린다 마음의 조각정원이 詩의 놀이터 될 때까지

책

너는 나의 무르팍 위에서 젊고 아름다웠다

내 쓸쓸함의 옆구리 한결같이 지켜주던 너
나는 너와 함께
순결한 빛과 버려진 무덤 사이를 거닐었다

너의 목소리 훔쳐 부르던 가면 속의 아리아
너의 매혹적인 노래 흉내낼 수 없어
나의 쉰 목소리는 널 질투했으나
질투는 사랑의 다른 얼굴이었음을

내 삶의 서가에 꽂혀 있는
잠든 너의 얼굴 들여다 보면
세상으로부터 돌아앉아 널 사랑했던
너에게 묻어 있는 손때 같은 내가
우울하게 반들거린다

네 영혼을 뒤적이는

내 손가락은 젊고 아름답다
내 눈빛에 부활하는
네 영혼은 젊고 아름답다

숨은 그림

얼마나 오래 들여다 본 걸까
어쩌면 마야
어쩌면 블루 다이아몬드
이젠 이게 저거 같고 저게 이거 같은데
당신이라는 숨은 그림
대체 어디 숨어 있기나 한 건가

허탕 친 인생도
한탕 한 인생도
카드 섞듯 저마다 섞어 보면
허탕이 한탕 같고
한탕이 허탕 같아
전력질주하던 길 위에서 문득
숨은 그림, 그 양파 껍질에 눈물 쏟고 나면

소풍 가서 보물찾기에 열중한 아이처럼
인생을 돌쩌귀처럼 살며시 들어올리면
어쩌면, 거기?

심플 라이프

지루함 꾸역꾸역 먹어도
체하지 않을 만큼
삶의 위장이 담담해졌다

삶이 반찬 없이 먹는 맨밥 한 공기처럼
너무도 간단해진다. 맨밥의 맛을 터득해버리면
반찬은 덤, 있어도 그만 없어도 그만
맨밥이라도 감사히 차근차근 씹고 있으면
삶의 입 안 가득 고이는 단순함의 깊은 맛

그 어떤 산해진미도
내 삶의 허기 끝장내지는 못했다
단순함의 깊은 맛 알기 전에는

나날이 싱싱해지는 쓸쓸함 솎아
푹 익은 지루함 쌈해 먹곤
나날이 건강해지는 심플 라이프

휘파람 통신

새벽 산 고요를 가르며 날아다니는
두 개의 휘파람, 주거니 받거니
한 스텝도 덜하거나 더하지 않고
여여하게 빛나는 휘파람들의 춤,
내 가슴 속 어린 나뭇잎들을 흔들어댄다

산을 한 바퀴 다 돌 때쯤
낮고 굵은 휘파람과 높고 가는 휘파람이
날실과 씨실처럼 엮어져 사랑의 깃발로
내 가슴 속 미루나무에 걸려 펄럭인다

두 마리 휘파람새의 휘파람처럼
이 세상 모든 부름과 응답이
그렇듯 투명하고 여여하게
서로의 가슴에 가 닿을 수 있다면
그 부름과 응답들, 마음의 길 위에서
시가 되어 춤추고 노래 부를 텐데

나의 하늘

바람 불어 좋은 날
나의 하늘로 놀러온 구름에게
청명한 마음 한 잔 건네니
그 구름, 아름다운 마음
내 마음의 잔에 가득 부어주네
아름다운 마음 거나하게 마시고
구름의 얼굴에 막 피어난 연꽃 따서
알싸해진 구름에게 연꽃차나 권하려는데
벌써 구름은 자리털고 일어나
진흙 같은 얼굴로 제 집으로 돌아가네
아무렴 구름은 구름이고 말고
아무렴 하늘은 하늘이고 말고

나의 하늘은 다시 빈 잔이네
애초에 빈 잔이었으므로
슬퍼할 것도 기뻐할 것도 없네

갈 때는 그냥

왜?라는 심각한 얼굴에 재갈 물리고
자 보아라, 지는 노을이나 지는 꽃 같은
곧 사라지는 것들의 말 없는 몸짓을
삶의 봉우리에 선 고요한 순교를

갈 때는 그냥 가는 거다
고요한 뒷모습 정도로
한 생의 추억을 완성하고
갈 때는 그냥 뒤도 돌아보지 마라
가는 뒷모습 지켜보는 눈은
눈물의 호수에 고이는 달빛만큼만 되어라

홀연히 그냥 떠날 수 없으니까
왜?라는 갈고리에 걸려
자빠지고 깨지는 거다

떠돌이별

아무 데도 갈 곳 없다면
그대, 허공 속으로 망명하여
그대 고단한 삶 베고 누워
천지만물의 어머니, 허공이 들려주는
저 길 없는 길의 노래에 마음 적셔라

아무 데도 기댈 데 없다면
그대, 허공에 기대
바라보라, 천공의 푸른 빛을
허공이 그대 기댈 곳 없던 쓸쓸함 품어
허공을 가르며 날아오르는 새가 되게 하리니

애초에 우리는
허공의 길을 걷는 떠돌이별
가서 기댈 곳은 허공뿐

마음과 눈물

마음에 습관의 구멍이 뚫려
칼바람 같은 기억 수시로 들락대고
마음에 갈증과 허기 세들어 복작대고
자주 우우우 짐승의 비명 어슬렁어슬렁
마음에 세월의 묘비명 전리품처럼 늘어가고
그래저래 마음은 자꾸 으실으실 어질어질
탈출하려 아무리 출구를 찾아 봐도
마음은 미궁, 캄캄한 마음은 얼음장

(침묵의 스위치를 올리고
눈물의 보일러를 돌려 봐, 마음에?)

마음의 문을 열어
마음을 따스하게 데우고
마음 속에 고였던 것들을
흘러가게 하는 눈물.
마음 속으로 흘러 들어오는 고요

(사원의 열린 문처럼
투명해진 마음!)

니르바나 카페

일생 영혼의 집을 찾아
머나먼 길 헤매다닌 그대여
그대 삶에 폭설이 내려
어디로 가야 할지 알지 못할 때
나를 기억해 줘, 니르바나 카페
꿈의 문 열고 그대 들어서면
카페 가득 넘쳐 흐르는 사랑의 음악
지친 삶 따스하게 반겨줄 벽난로
길 잃은 그대를 위로해 줄 미소가 있는
니르바나 카페, 아주 잠시라도
삶의 모든 짐 내려놓고
침묵과 마주앉아
그대 영혼을 만날 수 있는 곳
길 위의 아름다운 그대여
나를 기억해 줘, 니르바나 카페

허깅

열린 가슴과 가슴이
서로의 가슴 속으로 들어가
따스함 나누며 하나가 되면
우리는 우주의 형제자매들
가슴과 가슴이 고리를 이루어
빛의 원으로 춤출 수 있다면
우리들 가슴 속엔
미스틱 로즈가 펑펑 피어날 테지
그 신비한 향기 나누는 허깅의 인사로
지구의 여행이 더 즐거워질 테지

내 가슴으로 나를 허깅한다
따스해진 가슴이 그대를 허깅한다
따스해진 그대가 세상을 허깅한다
따스해진 세상이 내 가슴을 허깅한다

헛바퀴를 돌리고 돌리다가

헛바퀴를 돌리고 돌리다가 나가떨어졌다
다들 돌리고 있으니 못 돌릴 것도 없다 싶었는데
다들 돌리는 그 헛바퀴 더는 못 돌리고
나가떨어져 죽은 체했다
죽은 체하다가 정말 죽을지도 모르는데
정말 죽어도 괜찮을 것 같아지니
나가떨어져서 한가롭게 헛바퀴를 바라본다
그 바퀴엔 길의 추억이 없다
그 숱한 길들이 제자리걸음이었다니!

나가떨어져야 비로소 보이는
헛것이었던 내 얼굴

호수

깊고 고요한 호수가 되기 위해
상처받은 삶들은 오래오래
세상의 벽들에 갇혀 있어야 했던가

벽들이 문이었다는 걸
호수에 비친 하늘이 가르쳐주기 전까지
열린 문도 그대에겐 세상의 벽

청정한 눈동자로 하늘을 담는 호수
제 몸이 온통 문인 걸 알기에
벽 속에서도 깊고 고요하다

지상의 길을 가지 않는 것뿐
호수는 알고 있다
하늘로 날아오르는 길을

고요히 깊이 내려가
하늘의 문을 열고

하늘의 무수한 얼굴들을
가슴에 품는 호수의 비상

휴식

매일 나에게 배달되던
자동인형의 회로를 어느 날 반송하고
연못에 뜬 나뭇잎처럼
물 속 같은 적막에 고요히 떠 있네
가야 할 곳도 되어야 할 것도 없이
물의 노래와 햇빛의 춤을 즐기는 나뭇잎처럼
나는 지금 이 순간 속에 떠 있네
나의 모든 밸브들이 열려
여럿의 내가 풀려져 나오는 걸 보네
연극의 등장인물들처럼 여럿의 내가
지금 이 순간의 무대를 퇴장하고
나는 텅 빈 대나무처럼
바람의 나직한 숨결에 귀 기울이네
우주의 음악이 나를 훑고 지나가네

어디로 흘러가든
지금 이 순간이 나를 연주하네

Peace Eye에서 Bob Marley와

네팔 포카라의 골목길 한 켠
나팔꽃처럼 활짝 열려 있는 카페, 피스 아이
평화의 고요한 눈이 아침 햇살로 붐비면
주인은 언제나 햇살을 정성스레 다듬고
끓이고 요리하여 몇 안 되는 손님들을 대접했네
햇살이 고파지면 나는 그 곳으로 가서
벽에 걸린 밥 말리와 눈도장 찍으며
밥 말리의 홍건한 노래들을 훌짝였네
그 노래들, 내 가슴 속에서 나팔꽃으로 피어나
수천의 꽃잎들이 춤추고 노래하는 순간
내 마음의 피스 아이가 잠에서 깨어났네

뭐 어쩌겠는가

뭐 어쩌겠는가
비가 오겠다는데
바람이 불겠다는데
그리고 눈보라가 치겠다는데

뭐 어쩌겠는가
꽃이 피겠다는데
그리고 이젠
그 꽃이 지겠다는데

뭐 어쩌겠는가
다들 그렇고 그런 이유가 있다는데
다들 그렇고 그렇게 살다 가는 거라는데

뭐 어쩌겠는가
뭘 어쩌겠다고 소매 걷어부치는 당신들에게
뭐 어쩌겠는가, 허공의 눈과 귀가 되어주는 수밖에

녹색 희망

오래 나와 동거하며
나의 집 한 켠에서
매일 아주 조금씩 다른
녹색 수화로만 자신을 들려주며
때로 녹색 미소 날리며
나의 음악을 들어주던 고요한 난초
어느 겨울엔 빈집의 적막으로 연명하며
나를 기다려주었던 너, 녹색 희망

나도 세상 한 켠에서 매일
너의 녹색 수화 같은 시로
생기로운 나를 들려주며
세상의 모든 슬픔 들어주며
세상의 모든 아침을 기다릴 수 있는
녹색 시인이 되고 싶다, 난초여!

이사

12년 묵은 먼지헌옷헌책헌가구잡동사니들 다 버리고 이사를 했다 한 세월의 증거처럼 오래 나에게 눌러붙어 있었던 것들, 12년을 건너게 해주었던 삶의 뗏목들, 세월의 강을 건너면 버려야 할 뗏목들을 우리는 추억이라 포장하곤 했지 그 추억에 발목 잡혀 떠나지 못한 길 앞에서

이제는 마음이 이사할 차례
미망슬픔치욕어둠불행상처추락
오래 내 마음에 드러붙어
마음의 피를 빨아먹던 거머리들
오래 고통이 우글거렸던 마음의 집
그 집을 뱀의 허물처럼 벗어던지고
맨마음 하나만 달랑 챙겨들고
햇살 붐비는 세월의 집으로 이사할 차례

虛하다

虛하다, 누굴 만나도
뭘 해도, 뭘 먹어도

虛의 위장은 애당초 심연
뭘 더 불러들이고
풍악을 울려 虛를 위로할 것인가

虛를 고요히 내버려 두면
虛는 저 스스로
제 몸에 구멍을 뚫어
저 홀로 충만한
寂滅의 음악 길어올리는데

虛하다
虛에 뭔가를 채우려 들면

허공 속의 덩굴손

화분에 심은 나팔꽃씨가
어느 날 문득
세상에 방그레 얼굴을 내밀더니
쭈욱, 기지개를 켠다
옹알이처럼 귀여운 잎사귀들 틔우다가
어느 날은 그리움의 덩굴손 하나
겁도 없이 쓰윽, 세상에게 내민다
화분 곁엔 허공만이 펴질러 있는데도

잡아 줄 세상의 손 만나지 못한 채
내민 손 거두지도 못한 채
그리움의 키를 키워가는 덩굴손
무엇을 지독하게 감아올리며 사랑하려는지
겁도 없이 쭈욱!

적막한 허공을 움켜쥐다가
어느 날은 제 몸 가누지도 못하고
휘청휘청, 덩굴손의 가냘픈 울음소리

허공의 가슴에 실금처럼 그어진다

(놓아라, 허공마저도!)

말라 죽을 때까지
허공 속을 헤집고 다닐 그리움의 덩굴손

공중의 집

적막의 경전 뒤적이는 소리,
풍선처럼 부풀어진 공중의 집
어느 산사가 이처럼 고요할까
시계소리만 풍경소리처럼 걸어다니는
공중의 집, 뿌리 뽑힌 나무 같은
이 집에 닿기 위해
그토록 먼 길 엎어지고 자빠지며
그래도 잊지 못할 노래 가슴에 품고
무소의 뿔처럼 홀로 왔던 것일까

공중의 집에 닿아
비로소 펼쳐보는 잊지 못할 노래
그리운 하늘로 올라갈 길도
인간의 마을로 내려갈 길도 보이지 않아
길 잃은 노래만 죽치고 있는 공중의 집

솟아 오르지도 뛰어 내리지도 못한 세월이
낡은 가구처럼 후줄근하게 박혀 있는

허공 속의 섬, 공중의 집,
아무에게도 주소를 가르쳐줄 수 없어
오래오래 저 혼자 적막한

아름다운 허공

시간표 따라 자동인형처럼 돌아가던 하루
저물녘 문득 허공을 바라본다
그 어떤 것으로 포장하지 않아도
다만 온전히 허공일뿐이어서
아름다운 허공

아무리 비워내는 척해도
끝내는 다 놓아버릴 수 없는 욕망의 손
언제 저 허공과 손 잡고 나팔꽃 피울까

허공의 반대편에서
채워 넣기에 바쁜 구멍투성이의 삶
언제 저 허공의 품에 안겨 바람으로 살까

저물녘, 온전히 비워내지도
가득 채우지도 못한 하루가
침묵으로 충만한 허공에 취해
길을 잃고 잠시 땅거미로 비틀, 비틀,

헛헛하게 기다리면,

태풍이 분탕질하고 간 틈새로
태연스레 고여드는 순한 햇빛

(슬픔이 피었다 진 대궁에도
새순처럼 웃음이 돋아날까?)

진흙과 연꽃이 헤어질 수 없는
마음밭, 헛기침 같은 욕망 솎아내고
헛헛하게 기다리면, 둥실 마음꽃 떠오르나?

늙은 여자

공중에 걸려 있는 16층에서
매일 저녁이면 해 지는 쪽을 내다보는 늙은 여자
어린 왕자를 낳아 본 적도 없고
어린 왕자처럼 장미를 사랑하지도 않으면서
어린 왕자가 좋아했던 석양을 바라보며
잠깐, 어린 왕자와 겹쳐지는 늙은 여자
우주의 편지를 읽듯
석양의 표정 꼼꼼히 가슴에 새기고
열린 적 없는 하루 다시 닫아거는,
꽃핀 적 없어 언제나 어린, 늙은 여자

(그녀의 삶에서 무수히 저버린 석양들처럼
그녀도 그 누군가의 삶에선 이미 저버린 석양?)

너는 내 운명

이라며
가슴으로 꽉 껴안고
다시는 놓아주지 않을
내 삶의 얼굴이여,
나를 찾아다오
오래 기다린 너를 안고
이승의 단 한 번뿐인 사랑
꽃 피울 수 있도록
찾아다오, 나를
붉디 붉은 너여!

나의 낙타야

나의 낙타야
건너 가렴, 저 불타는 마음의 사막
그리움의 맨발 부르터질 때까지
경 읽듯 가고 또 가다 보면
널 기다리는 오아시스의 품에 안길 날 있으리니
나의 낙타야
네 두 눈에 고이는 정적 속으로
뒤척이는 모래바람 쑤셔 박혀 와도
그건 흘려버려야 할 일상의 에피소드일 뿐
네 일생의 적막 속으로
무겁게 가고 있는 네 삶의 짐들
무거우면 무거울수록 네 발자국 깊어
길 잃은 사막의 낙타들은 기억하리,
어느 무거운 일생의 정직한 마침표

아직도 피라미드 속의 이집트 문자처럼
해독하기 어려운 저 불타는 사막
건너 가렴, 나의 가여운 낙타야

네 슬픔의 혹 말라붙을 때까지
사막의 밤이 널 삼켜버리기 전에

사막의 여자

사막의 남자는 부족을 지키기 위해
전쟁터로 나간다

사막의 여자는 기다림으로 깊어지는 우물로
그리움의 두레박 드리우며
사막의 메마른 낮들을 퍼올린다
모래바람 자주 지평선 가려도
그녀는 울지 않는다
(이미 모래로 변한 눈물!)

사막에 밤이 내리면
그녀의 불면의 그리움은
검은 하늘로 날아가 박혀
이 지상에서 가장 밝은 별빛으로 빛난다

사막의 남자, 그 별빛을 갑옷처럼 휘두르고
사막의 불화살들 튕겨내며
마침내 사막의 태양처럼 불사조처럼

그녀의 지평선 위로 떠오르는 날
사막의 여자는 선인장꽃으로 만발하리라

사람들이 수레바퀴로

사람들이 수레바퀴로 보이기 시작하면, 크든 작든 멈추든 돌아가든 우리는 모두 지친 수레바퀴들이므로, 수레바퀴의 모국어로 수레바퀴의 일생들을 각색하며 연극하며 감상하며 바퀴가 일구어낸 길들에게 악수를 건넬 수 있어진다 길이란 길은 다 저마다 바퀴들의 숨결과 땀과 눈물과 노래의 흔적일 것이므로

욕망의 바퀴든 고행의 바퀴든
바퀴의 일상은 인생이란 수레를 끄는 노동
수레에 가득 찬 인연들과
인연의 빚과 짐

빈 수레의 바퀴들은
소풍길 나서는 아이들처럼 흥얼대며
길과 놀며 놀며 가다가
지는 해 온몸으로 받아 안는다

국화빵 같은 나날들

똑같은 재료로 똑같은 시간틀에 부어져
무심하게 구워지는 똑같은 나날들
허기는 때울 수 있으나 맛은 없는 나날들
먹을 때마다 이걸 먹고 살아야 하나 싶어지는

국화빵만 먹어도 건강한 그들이
훌륭해 보인다
맛없어도 맛있게 먹는 그들의 식욕이
대단해 보인다
국화빵틀로 일생을 구워내며 불평 않는 그들이
비상해 보인다
식은 국화빵으로 가족을 건사하는 그들이
위대해 보인다

국화빵을 먹으며 국화를 피워내는 사람들이
너무 위대해 보인다

아직도 삶이 나에게 낙서라니!

내 마음의 지하실에서 낚아올린
엉망으로 술 취한 글자들
제멋대로 아무렇게나 걸어가는 글자들
삶이 주어졌기에 그저 살아가는 것처럼
여백이 있기에 그저 써 보는 글자들

낙서금지의 일상에 낙서만 일삼는 딴청
낙서 지우다가 일생 다 저무는 건 아닌지
일생 다 저물도록
낙서 다 못 지우는 건 아닌지

그 숱한 낙서들, 부끄러워 구겨버렸던
구겨져 말로 피어나지 못해
당신에게 전하지 못했던 그 숱한 마음들
이제는 공들인 붓글씨처럼 액자에 담겨져
당신의 눈길로 깊어져야 할 텐데
아직도 삶이 나에게 낙서라니!

유행가

떠날 사랑 다 떠나버린 밤 두 시
취해서 물풀처럼 흐느적대는 유행가는
사랑과 이별의 간이역을 지나
내 가슴에 내려
옛사랑의 주소를 묻는다

이글거리던 메두사의 질투는 흔적 없고
세월의 화석으로 굳어버린 옛사랑

유행가보다 더 붉은 시를 노래했는가
시보다 더 아픈 사랑을 만났는가
사랑보다 더 깊은 이별을 건넜는가
그리고 다시 유행가를 들으며
이끼 낀 사랑의 얼굴을 더듬어 보는가

퀼트

분별의 가위로 세상을 잘라내며
아니다 아니다 상처내지 말고
이제는 사랑의 바늘로
조각나고 찢어진 세상
아름다운 퀼트로 만드는 법을 배워야겠네

너와 내가 보잘 것 없는 조각이어도
있는 그대로 맞물려 퀼트가 된다면
분별의 가위는 쓸 일도 없고
내가 너를 네가 나를 돌아설 일도 없을 터

우리가 사랑으로 서로를 어깨동무하면
나의 일생과 너의 일생이 바느질되어
세상의 아름다운 퀼트가 완성될 테지

초대

마음의 창문 열고 대청소를 하고
내가 할 수 있는 최고의 삶의 요리에
내 천상의 친구들을 초대하고 싶다
사랑 기쁨 웃음 음악 춤 노래 시
그 친구들과 축제를 벌이며
남은 지상의 길들에 꽃처럼 피어 있고 싶다

지상에서 내가 만난 그 어떤 여행자도
내 삶에 초대된 귀한 친구들
그들과의 만남을 축하하고
그들의 길 떠남을 따뜻하게 배웅하면
그들과의 인연들은 내 삶의 방명록에
사랑과 기쁨과 웃음과
음악과 춤과 노래와 시로 기록되리라

삶이 가르쳐주는 것들 1

아무리 아름다워도
꿈은 꿈일 뿐이란 것을
꿈을 깨고 나서야
삶은 나에게 가르쳐주네
아무리 깨고 싶지 않은 꿈이어도
마침내 깨어나야 한다는 걸
삶은 나에게 가르쳐주네

곳곳에 널려 있는 삶의 경전
그러나 투명한 가슴으로 읽지 않으면
해독할 수 없는, 넘겨도 넘겨도 끝이 없는 경전

삶은 나에게 가르쳐주네
무지개색 꿈에서 깨어나
캄캄한 허공에 홀로 버려져 있을 때
이때가 바로 삶으로 길 떠날 때라고

삶이 가르쳐주는 것들 2

천천히, 산책하듯 너에게로 간다 내 마음에 찍혀지는 삶의 모든 풍경들을 마음의 암실에서 고요히 인화하며 너에게로 간다 후미진 어느 귀퉁이에서 네가 민들레꽃으로 피어 있으면 나도 노란 웃음으로 마주 피어나다가 그 웃음 머금으며 또 다른 네가 피어 있는 곳으로 천천히, 아주 천천히 너에게로 간다 아, 이제 알겠다 마음의 속도를 줄이는 것이 그리움을 지치지 않게 한다는 것을, 그 마음의 걸음걸이로 천천히 산책하듯 너에게로 가면 너는 도처에서 나를 반긴다

천천히, 산책하듯 삶의 경전을 넘긴다
천지 만물 모든 것이 너이고
네가 바로 나라는 걸
삶은 나에게 가르쳐준다

삶이 가르쳐주는 것들 3

느닷없이 삶의 등불이 꺼져버릴 때
느닷없는 어둠, 이게 뭔가? 황망해지지만
칠흑 같은 마음, 수정으로 변할 때까지
삶의 발목 놓아주지 않을 자비로운 어둠

느닷없는 어둠으로 길을 잃은 바로 이때!가
빛을 자가발전해야 할 때라는 걸
뼈저리게 받아들일 때
비로소 가슴에 켜지는 삶의 따스한 등불
느닷없는 어둠은 삶의 천둥 번개

비로소 자유롭게 춤추는 길을
스스로 켠 등불로 찾아내도록
때로 우리에게 어둠을 선물하는 삶

삶이 가르쳐주는 것들 4

작년에 나팔꽃이 다녀갔던 빈 화분에 올해 봄, 무심코 물을 주었다 작은 화분의 메마른 흙 속에서 거의 아홉 달 동안 칩거하며 침묵으로 연명했던 씨앗이 나에게 텔레파시를? 봄이 왔다고 빈 화분 같은 내 삶에 목이라도 축여주고 싶어서? 무심코 주었던 물을 마시고 아흐, 나팔꽃 씨앗, 전생의 껍질을 벗고 무겁게 내리누르던 전생의 짐 같은 흙 밖으로 꼬물거리며 푸른 삶의 고개를 내밀곤 나에게 안녕? 앙징스런 손을 흔든다 사진기를 들이대며 나는 기적 같은 삶의 인사를 내 가슴에 저장한다 오래도록 그 인사, 캄캄한 내 삶의 화분을 푸르게 어루만져주길 희망하며

삶이 가르쳐주는 것들 5

조그만 화분 속에서 나날이 나에게 보내는 가녀린 나팔꽃 덩굴손들의 편지들, 서로 얽혔다 풀어지며 신비와 기적이라는 상형문자로 홀로 그리고 함께 쓴 삶의 시, 침묵과 사랑이 서로를 읽어주며 서로를 교감하며 서로를 키워가는 덩굴손들의 고요한 전언에 가슴이 저절로 합장

그래그래 손잡아 주다가
서로의 가는 길 막지 않는
덩굴손들의 경쾌한 해탈
홀로 그리고 함께, 그래서 충만한

삶이 가르쳐주는 것들 6

나팔꽃 두 송이 한 날 한 시에 환하게 트럼펫 불다가 하루 다 채우지 못하고 멈춰버린 사랑의 이중주 가슴에 다 담기도 전에 시들고마는 음악! 하아, 꽃이 떠난 자리에 가만히 들어서는 씨앗, 보이지 않는 음악이 다음 생에도 계속되리란 걸 알기에 꽃은 그토록 미련 없이 자리를 뜨는 걸까? 너무나도 짧아서 눈물나게 아름다운 음악만이 사랑인 줄 알았는데

더 큰 보이지 않는 사랑을 위해
내 삶은 어디에서 피었다 지는 걸까

삶이 가르쳐주는 것들 7

밑바닥에 닿아, 그까지 나를 안내한 삶의 돌들 다 내려 놓는다 저 물 밖 세상의 소리가 들리지 않는 곳, 그 바닥에 닿아 비로소, 아주 홀가분해진다 보석인 줄 알고 홀린 듯 삶의 주머니로 주워 담은 돌들, 무거워질수록 삶의 뿌리 깊어지나 싶었는데 무거워진 눈은 소박한 뿌리가 피워올린 환한 풀꽃들의 미소를 그냥 지나치기 일쑤…… 아흐, 무거워진 삶이 나의 동굴?

애초에 내 것 아닌 건 다 버리고
다시 들여다 본다, 삶의 얼굴
아무도 내려가려 하지 않는
그 바닥에 닿아서야 비로소

(나비 날개처럼 가뿐한 삶
꽃에 취한 삶을 위하여!)

다시 떠오려는가, 물 밖으로?

내 삶에 배달된 모든 것들 선물처럼 받아 들면
슬픔과 상처까지도 기쁨으로 피어난다는 걸
그 기쁨의 빛 다시 세상에게 선물하며
함께 환하게 살아야 된다는 걸
밑바닥이 나에게 가르쳐준 다음, 비로소?

삶이 가르쳐주는 것들 8

나와 이십 육 년 동거했지만 내가 사랑한 햇수는 오륙 년쯤되는, 저 혼자 뒷방 구석에 우두커니 서서 늙어가는 적막한 기타, 줄은 마음대로 늘어나 음은 제멋대로, 돌보지 않은 만큼 음악은 죽어버린다는 걸 내 삶의 모든 악기들이 그러하다는 걸 문득 안아 본 기타가 가르쳐주는데

하아 나는 나를 얼마나 사랑했나 나는 얼마나 아름다운 음악 간직하고 있나 싶어져 사십 몇 년 나와 동거한 나를 안아 보니 제대로 조율된 사랑의 줄이 하나도 없다는 게 가슴 서늘하게 하는데

기억을 더듬어 기타의 줄을 조율하고
오래 잊었던 나를 연주해 본다
아무도 기억할 수 없는
그래서 기어코 잊지 말아야 할

삶이 가르쳐주는 것들 9

꽃이 피었다 사라진다
구름이 피었다 사라진다
마음도 피었다 사라진다
그렇듯 사라지지 않으면
삶의 숨바꼭질 재미 없을까 봐
적막한 공터에 그리움 피지 않으면
삶의 노래 영영 잊어버릴까 봐

모든 사라짐, 골수에 사무칠 때
삶은 나에게 가르쳐준다
허공을 다녀간 것들이
삶을 작곡하지만
연주는 허공이 한다는 걸

삶이 가르쳐주는 것들 10

내 인생을 다녀간 모든 것들은
모두 내가 초대한 손님들
나의 초대장 없이는 그 무엇도
내 인생의 문을 통과할 수 없다는 걸
알지 못했던 그때, 나는 자주 울었다

내가 당신을 부르지 않았다면
당신은 나를 돌아 보지도 않았을 것이고
당신은 내 인생을 찾아내지도 못했을 터

처음엔 불청객처럼 여겨졌던 손님들이
꿈에도 내가 초대했을 거라곤 여겨지지 않았던
그 누추하고 비루한 손님들이
허기지고 추운 슬픔과 어둠과 적막이
내 인생에 초대된 스승들이었음을
알지 못했던 그때, 나는 자주 길을 잃었다

내가 아무리 당신을 소리쳐 불렀대도

당신이 내 인생의 문 앞까지 찾아 왔었대도
내가 당신을 맞이할 준비가 되지 않았기에
당신은 다만 쉴 곳을 찾아 다시 길을 떠난 것뿐

내가 꽃으로 피어 있지 않으면
아무리 나비에게 간절한 초대장 무수히 보냈어도
나비는 내 인생에 놀러 오지 않는다는 걸 가르쳐주는
손톱만한 풀꽃 한 송이의 투명한 법문,
내 삶의 길을 비추는 고요한 등불

삶이 가르쳐주는 것들 11

날아갈 창공도 없는데
날갯짓해 봐야
날개만 상할 뿐,
그런 줄 알았다

(그래도 끊임없이 날갯짓을 하라구?
창공을 여는 노크, 날갯짓?)

더 이상 내려갈 바닥이 없을 때
창공의 문 앞에 닿은 거라고
상한 날개에게 삶은 속삭였다

날갯짓할 때마다
신비하게 돋아나는 어린 깃털
좁은 문 사이로 들어서며
깃털을 일으켜 세우는
미소짓는 창공

삶이 가르쳐주는 것들 12

아무리 봄이 와도 새파랗게 질려 있는 슬픔이나 분노 같은 것들 아직도 그대 삶에 한사코 매달려 있다면 그것들 죄다 따서 사랑으로 푹 절여 얼마간 가슴 속 항아리에 가둬 놓아라 그것들, 그 누구에게도 건네지 말고 그냥 잊어버린 듯 묻어 놓으면 그 새파란 것들, 통째로 뭉크러질 때가 온다 제 혼신을 다 바친 사랑의 엑기스로 흘러넘치는 때가! 그 때, 그것으로 차를 만들어 누구에게라도 대접하라, 새콤달콤한 매실 엑기스처럼

삶의 연금술사가 된다면
그대가 거둔 삶의 열매들은 무엇이든
아무 것도 버릴 것 없는 귀한 양식들

사람들은 위로의 젖줄을 찾아

사람들은 위로의 젖줄을 찾아 흐른다
한때 위로의 젖꼭지였던 구멍으로부터
더 이상 따스한 젖이 나오지 않으면
탑처럼 쌓았던 약속들 일회용 컵처럼 버리고
위로의 젖줄을 찾아 흐른다
위로에 중독된 사람들은

일회용 컵처럼 버리고버리고버리고
하수구로 흐르고흐르고흘러가면서
위로에 중독된 입술은 부르트고
입안은 가뭄 든 논바닥처럼 갈라터진다

한때 위로의 젖꼭지였던 것이 시궁창이었다니!
증오의 변기에 토악질해대면서도
중독이 시궁창으로 변한다는 걸
결코 알지 못한다, 위로에 중독된 사람들은
다만 위로의 젖줄을 찾아 급물살로 흐를 뿐
상처받은 짐승의 눈빛으로

급물살에 일생이 익사하는 줄도 모르고

冬安居

거둬들인 인연들 키질하고 보니
하아 알곡 몇 안 되더군
쭉정이들 미련 없이 날려버리고
그 알곡으로 가난한 가슴 연명해 왔지만
그나마 곯아 죽지 않을 정도니
인연 농사 영 망친 건 아니더군
사십 몇 년 오래 농사지었어도
아직도 풍년 들려면 한참 멀었더군

묵은 된장처럼 묵은 김치처럼
나를 푸욱 침묵의 항아리에다 묻어놓고
항아리 안에서 발효된 사랑으로 알맞게 삭혀지면
어떤 인연이라도 나를 맛있게 드시겠지
가슴 가득 실한 인연들 열리겠지

아 지금은 겨울, 나는 항아리 뚜껑을 덮겠네
봄이 나를 열어줄 때까지
인연들이여, 잠시 안녕

세상은 언제나 엄청 바쁘다네

오래 망설이다 수화기 들면
세상은 언제나 엄청 바쁘다네
하고 싶은 말 꺼내지도 못하고
저들 바쁜 사연만 듣고는
수화기 내려놓을 때면
아흐, 시의 가슴은 첩첩산중
귀는 퇴화되고 입만 진화하는 세상에게
시는 자꾸만 입 다물어지고
입 다문 시, 터벅터벅 저 홀로 적막에게로 가네
세상이 엄청 여유롭고 느긋해져
세상이 먼저 수화기 들어 시에게
네 목소리 그립단 말 건네는 꿈 하나 챙겨들고

너무 바빠 하늘도 쳐다보지 않는 세상에게
시의 쉼표 팍팍! 찍어주고 싶네
세상의 바쁨 곳곳에, 민들레 홀씨처럼

모든 인연들은 구름이었으므로

모든 인연들은 구름이었으므로
나 이제, 구름의 신기루 같은 얼굴을
구름의 느린 춤을, 황망한 사라짐을
허허허허!롭게 텅 빈 하늘의 마음으로 지켜보네

문을열면아무것도없고또문을열어보면아무것도없는이승의집들(알면서도열어보고혹시나열어보고어쩔수없어열어보고!)

어떤 인연의 집에 구름의 얼굴 걸어 둘 것인가
어떤 구름의 표정에 내 마음 걸어 둘 것인가

석양에 몸 비트는 구름에 걸려 아흐, 더는 갈 데 없는 부르튼 길, 등불 켜진 집 꿈꿔 보다 사라진 구름 자리에서 어두워져가는 마음, 덧없다!덧없다!는 가슴 단추 몇 개 풀어헤치면 저 길 없는 마음에 별 몇 포기 심겨지려나

모든 인연들은 구름이었으므로, 나 이제
구름의 맹세에도 구름의 집에도 연연하지 않네
구름의 사랑 구름의 슬픔 구름의 노래
하늘 다 가리는 구름의 마술에도 홀리지 않고
별이 가르쳐준 하늘의 마음길 찾아 떠나려네

조금 어수룩해지는 것

너무 계산 밝은 세상 속에서
조금 어수룩해지는 것
쿨하고 심플하지 않아?

조금 어수룩해지면
가슴은 더 넓어지고 더 따스해져
꽃들이 마음 놓고 피어날지도 몰라

너무 계산 밝은 세상에게
조금 어수룩하게
가슴의 꽃들을 건넨다면
세상의 얼굴이 아마 붉어질지도 몰라

열반

피었다 지면서
모든 꽃들이 고개 푹 떨구거나
주저앉거나 거꾸로 처박히거나
공중의 벼랑으로 추락하는데
유독 그 한 송이 나팔꽃만은
피어난 그 자리에 꼿꼿이 앉아 말라가는데
둥글게 둥글게 씨방의 꿈은 부풀어오르고
그 둥근 평화 위의 직립의 죽음은
가부좌 튼 채로 열반에 든 수도승 같다

틈

틈이 없을 때
틈을 내봐
틈새로 드나드는
저 여유로운 햇살과
틈새에 뿌리내린
저 필사적인 풀꽃들과
어울리고 싶다면

없을 때 내는 틈은
푸른 세상으로 가는 문

틈을 내봐
네 잠겨진 마음의 감옥에
네 막막한 삶의 벽 위에
틈이 보이지 않을 때!

生의 신발

어떤 깊은 슬픔도
건너고 보면
얕은 개천 같은 것

어떤 높은 벽도
문 하나 달아 놓으면
든든한 울타리 같은 것

발 삔을 때마다
네 발에 걸려드는 쓸쓸함,
신발 삼아 신어 보렴

| 시인의 산문 |

인도, 그리고 산책 같은 삶

교사가 되고 싶지는 않았지만 나는 20년간이나 중학교에서 아이들에게 영어를 가르치며 내 삶을 건사해 왔다. 나는 남을 간섭하고 억압하고 규제하는 것을 싫어하는 천성인지라, 아이들에게 그렇게 해야만 하는 선생으로서의 역할과 이 시대의 교육제도를 받아들이기가 나에겐 무척 힘들었다. 힘들어도 견뎌야만 했던 것은 다른 이들도 그렇게 잘 살아가고 있었을 뿐만 아니라, 가장 큰 이유는 나를 먹여 살려야만 했기 때문이었다.

내가 원하지 않는 일을 계속하는 것은 자신을 죽여 가는 일이라는 것을 어느 날 깨닫고, 나는 미련 없이 나의 밥줄을 끊고 가고 싶은 길을 떠났다.

인도…… 대학 때부터 나를 끌어당겨 언젠가 꼭 가야지 마음먹었던 나라. 나는 1999년 처음 인도에 발을 내딛었을 때, 마치 내 영혼의 고향에 온 것처럼 가슴이 싸아했고 편안했다. 그래서 학교를 그만 두기 전까지 수 차례 겨울방학이면 지친 내 영혼의 에너지 충전을 위해 인도로 떠나곤 했다.

삶에 아무런 의미가 없어졌을 때, 나는 한 줄기 빛처럼 스승 오쇼를 만났다. 스승은 '어떻게 존재해야 하는지(how to be), 어떻게 살아야 하는지(how to live), 어떻게 사랑해야 하는지(how to love)' 그 아름다운 길을 나에게 가르쳐 주었다. 인도에 갔을 때 스승은 이미 지구를 떠나버렸지만 그의 깨달음의 향기는 푸나의 아쉬람에 고스란히 남겨져 있어 스승의 향기는 나의 죽어가는 영혼에게 풀무질하였다.

선생을 접고 장기간 아쉬람에 머물면서 오쇼의 가르침과 명상에 내 영혼을 적셨다. 한국에서의 모든 삶이 마치 전생처럼 떨어져 나가는 것을 지켜 보았다. 새벽 6시부터 아쉬람의 명상 프로그램이 시작된다. 5시면 잠에서 깨어 요가 몇 동작으로 몸을 풀고 아쉬람으로 가는 준비를 했다. 5시 30분 집을 나서면 바깥은 캄캄하다. 어느 날은 별들이, 어느 날은 반달이, 어느 날은 보름달이 아직도 환하게 하늘에 걸려 있어 나는 그들에게 하이! 인사를 건네곤 하였다.

새벽의 경건한 고요 속에서 하늘을 쳐다보며 길을 걸어가는 그 순간 나는 시가 되었다. 내가 우주 속으로 사라져버리는 순간! 시를 쓸 필요가 없는 그런 순간이 있다는 것을 그때 깨달았다. 시를 쓴다는 건, 글을 쓴다는 건 아직도 뭔가가 가슴 속에서 덜 연소된 것을 연소해야 된다는 사실을.

오쇼 아쉬람에 있을 때 나는 새벽 다이나믹 명상을 거의 매일 즐겼다. 현대인들의 내면에 쌓여 있는 쓰레기들을 비우도록 오쇼가 고안해낸 탁월한 동적 명상. 우리는 자신의 무의식의 지하실 속에 뭐가 들어 있는지, 뭐가 부패하고 있는지 잘 알지 못한다. 의식의 뚜껑으로 그 무의식을 단단히 막아 놓고 우리는 삶을 견뎌간다. 그러나 자신이 방심하는 순간, 무의식은 의식을 열고 나와 그토록 견고하던 삶을 한순간에 강타한다. 비틀비틀~ 어어~ 내가 왜 이러지? 우리는 자신을 잘 알고 있다고 생각할 뿐, 자신을 잘 알지 못하는 순간들이 많다. 그래서 자신을 열렬히 들여다 봐야 한다. 자신의 본래면목을 만나기 위해 자신의 내면을 들여다 보는 것, 그것이 명상이다. 그 명상의 길 위가 아니면, 자신도 남도 온전히 만날 수 없다. 그러므로 온전히 사랑할 수도 없다. 다이나믹 명상을 하고 나면 내 속에 빛이 가득해진다. 나는 마치 신비와 기적의 문을 여는 기분으로 하루의 문을 연다.

다이나믹 명상을 마치고 부겐빌리아가 통째로 뚝뚝 떨어져 있는 아쉬람 백 게이트쪽 길을 황홀하게 걸으며 혼자 집으로 오는 길, 아침 공기의 알싸함, 하늘을 떠가는 새들, 태양의 황금빛, 꽃길, 나무그늘…… 너무나 행복해진다. 아무런 이유 없이.

집에 와선 샤워를 하고 바나나와 파파야, 혹은 빵이나 삶은 계란으로 간단한 아침 식사, 그리고 다시 가방을 챙겨 아쉬람으로 향한다. 일 명상은 9시부터 하기 때문에 30여 분의 시간을 나는 오쇼 파크에서 산책을 하며 초록 에너지와 뒤섞인다. 천천히 걸으며 꽃과 나무와 새들에게 인사를 건넨다. 굿모닝, 굿모닝? 반가워, 고마워! 자신의 삶을 활짝 피워 올린 꽃들에게 입맞춤을 하기도 하며 아침 산책길을 팔랑팔랑 아이처럼 걸어간다.

그 때쯤이면 황금빛 태양이 쑤욱 하늘로 올라와 있다. 나는 몸을 뒤로 젖히고 두 손을 위로 올리며 태양 경배를 한다. 태양이시여, 감사합니다, 당신의 빛으로 가득 하게 하소서~. 그러면 마치 내 존재 전체가 황금빛 태양으로 가득 찬 느낌이 든다. 나는 사라지고 다만 황금빛뿐이다. 몸의 모든 세포가 살균되는 느낌— 생생하게 다시 세포들이 문을 여는 느낌—.

나는 다시 태어난 기분으로 오쇼 파크를 떠나 내가 4시까지 일해야 하는 미르다드 건물로 향한다. 매일하는 일인데도 번역이 훨씬 창조적으로 술술되는 느낌이 든다(나는 그 곳에서 오쇼 책을 번역하는 일을 했다). 나무로 둘러싸인 사무실은 언제나 새소리를 들을 수 있고 아무도 나의 일을 간섭하지 않는, 그냥 내가 좋아서 하는 일을 즐길 수 있는 아름다운 공간이다. 다양한 국적의 산야신들이 함께 일한다.

11시 티 브레이크 타임, 카페에서 커피나 티를 마시며 느긋하게 즐기는 시간, 나는 부리나케 붓다 그로브로 가서 댄스 셀러브레이션을 한다. 365일, 그 곳은 춤과 음악이 넘쳐난다. 국적 불문, 나이 불문, 성별 불문의 댄싱 붓다들……. 이 햇빛 가득한 곳의 춤을, 이 붓다 그로브에서처럼 즐길 수 있는 곳이 세상 어디에 있을 것인가! 나는 날아가는 새들을 바라보며 햇빛과 음악 속에서 사라진다……춤추는 자는 사라지고 춤만 남는다는 말을 실감한다. 지복과 감사가 내 속에서 흘러넘치고 이러한 삶의 선물을 나는 만끽한다.

다이나믹 명상, 일 명상, 춤, 저녁의 사트상 이브닝 미팅(저녁 명상으로 오쇼의 강의를 비디오로 보고 나서 자신의 내면으로 들어가는 명상), 때로는 밤 이벤트(댄스 파티나 영화, 혹은 여러 가지 창조적인 명상

프로그램)…… 너무나 단순한 일상이었지만, 그때 나는 행복했다.

오쇼의 가르침 중에 나를 두드린 것 중 하나는 '상처받기 쉬운 상태로 열려 있으라'는 것이다. 열려 있으면 오는 것은 오고 가는 것은 간다. 열려 있으면 비록 상처라 할지라도 때가 되면 햇빛과 바람을 쐬며 꾸덕꾸덕 딱지가 앉는 법, 닫혀 있으면 자신 속의 고름이 흘러 나갈 수가 없다. 그러나 우리는 열려 있는 것을 얼마나 두려워하는가. 자신의 눈물이 들켜 버릴까 봐, 혹은 자신에게 상처를 줄 어떤 것들이 흘러 들어올까 봐. 그러나 닫혀 있으면 존재계의 사랑 역시 만날 수 없다.

아이들의 천진무구함은 모든 것에 열려 있다. 위험한 것도 위험한 줄 모른다. 나는 그들의 천진난만한 자기 표현들을 참 좋아한다. 아이들은 거르지 않고 재지 않고 그냥 자신을 표현한다. 그 어떤 것에도 막힘이 없는 단순함의 깊이, 경이 그 자체다. 그러므로 순간에서 순간으로 유연하게 감응하는 열려있는 삶의 방식, 내가 체득해야 삶의 기술이다.

나는 산책을 좋아한다. 속도를 내어 목표를 향해 뛰

는 것보다 목적지도 없이 느리게 느리게 걸으면서 천천히 주위를 둘러보며, 눈에 들어오는 풍경들을 느끼며 존재계가 선사하는 선물들에 감사하며, 살아 있음에 감동하며, 그리고 그 모든 것들을 사랑하는 것이 바로 지금 여기에서의 나의 할 일임을 깨달아가는 산책. 그렇다. 나는 나의 삶도 그러한 산책과 같아지기를 기도한다.

남들이 다 가지는 핸드폰도 이 년 전에 장기간 인도로 떠나는 길에 형부가 강제로 마련해준 덕택에 가지게 되었고, 집의 인터넷도 몇 달 전에 개통했다. 남들이 보기엔 구석기 시대의 유물 같은 삶을 나는 참 별 불편함 없이 즐겼던 것 같다. 그리고 핸드폰이 생기고 인터넷을 열어 그 나름의 편리함과 즐거움을 누리고 있다. 있으면 있는 대로, 없으면 없는 대로 그것을 자연스럽게 받아들이면서 나는 천천히 가는 것이 좋다. 자동차로 드라이브할 때도 나름대로 즐겁지만, 천천히 걷는 것도 나름대로 행복하다. 홀로 있어야 할 때 그 홀로 있음을 즐기고, 함께 있게 되면 또 그 함께 있음을 축제로 즐길 수 있는 여유로운 삶. 그러한 삶엔 여백이 있다. 여백은 침묵의 공간이고 그 공간에서 우리는 자신과 마주할 수 있다.

안단테, 안단테……. 마음의 걸음걸이도 그렇게 한량의 걸음걸이처럼 여유롭고 느려지면, 자연의 이치와 세상을 체득할 수 있는 여백이 생겨날 것 같다. 느림의 미학, 너무도 속도전에 열을 올리는 이 시대에 한 번쯤 음미해 봐야 할 삶의 방식이다.

내 마음의 고향, 인도에서 나는 가슴을 열고 천천히 가는 삶의 방식을 배웠다. 왜 그토록 욕망의 목표를 향해 질주해야 하는 걸까? 무엇 때문에? 한 번씩 멈춰서서 하늘과 구름을, 나무와 꽃을, 새를 쳐다보며 안부 나눌 여유도 없이, 왜 그토록 바빠야 하는 걸까?

내 삶이 변했듯 나의 시도 변했다. 시는 나의 아주 오랜 친구. 어느 날, 내 삶이 시가 된다면 시가 내 삶이 된다면, 나는 어쩌면 아름다운 삶의 꽃 한 송이 피워낼지도 모를 일. 한 송이 꽃의 침묵, 허공과 같은 침묵, 텅 비어 있으면서 모든 걸 다 끌어안는 침묵, 침묵에 닿기 위해 노력하였다. 그 흔적이 시집 『니르바나 카페』인 셈이다.

시를 쓰든, 안 쓰든 허공의 가슴으로 모든 것을 받아들이고 느끼고 사랑하는 자, 그가 최고의 시인이 아닐까?

김현옥

1963년 경북 영덕에서 태어나
경북대학교 인문대학 영어영문과, 동 대학원을 졸업하였다.
1994년 《영남일보》 신춘문예,
1997년 《매일신문》 신춘문예로 등단하였다.
시집 『언더그라운드』를 출간하였고, 〈시 · 열림〉 동인으로 있다.

니르바나 카페

초판 1쇄 펴낸 날 / 2010년 10월 15일

지은이 / 김 현 옥
펴낸이 / 박 진 환

펴낸곳 / 만인사
등록번호 / 1996년 4월 20일 제03-01-306호
주소 / (우)700-813 대구광역시 중구 대봉2동 743-7
전화 / (053)422-0550
팩스 / (053)426-9543
홈페이지 / www.maninsa.co.kr

ISBN 978-89-6349-019-9 03810

값 7,000원